위엄 있고 아름답기로 이름난 절 황룡사에는
나라를 지켜 주는 보물 두 가지가 있었다네.

사람의 손으로 만든 것이라 믿기 어려울 만큼 거대한 장륙존상과
신라를 침입하는 적을 모두 누른 구층탑이라네.

부처를 믿고, 그 힘으로 나라를 지키려던
신라 사람들의 마음이 담긴 보물이라네.

글 | 김상균

서울에서 태어나, 연세대학교에서 철학을 공부하고 출판사에서 일하고 있습니다.
지은 책으로 《노들나루의 누렁이》《파블로 피카소》《작은 생명을 관찰한 곤충학자 파브르》
《태양을 그린 정열의 화가 고흐》《영균이》 등이 있습니다. 지금도 책 만드는 일을 하면서
어린이를 위한 글을 계속 쓰고 있습니다.

그림 | 류동필

합천에서 태어나, 홍익대학교 시각디자인과를 졸업했습니다. 그린 책으로 《산상왕과 주통촌 처녀》
《소가 된 게으름뱅이》《마술 맷돌》《이순신》 등이 있고, 작품 전시회도 여러 차례 열었습니다.
현재 경기도 용인의 작업실에서 그림책 작업에 몰두하고 있습니다.

감수 | 윤선태

서울대학교 국사학과를 졸업하고, 같은 학교 대학원에서 한국 고대사를 전공하여 박사 학위를 받았습니다.
충남대학교, 한신대학교를 거쳐 지금은 동국대학교 사범대학 역사교육과 교수로 있습니다.
지은 책으로는 《목간이 들려주는 백제 이야기》《한국 고대 중세고문서 연구》(공저) 등이 있습니다.

탄탄 샘솟는 삼국유사 황룡사의 두 가지 보물

펴낸이 김동휘 | **펴낸곳** 여원미디어(주) | **주소** 경기도 파주시 회동길 130(문발동) 탄탄스토리하우스
출판등록 제406-2009-0000032호 | **고객상담실** 080-523-4077 | **홈페이지** www.tantani.com
글 김상균 | **그림** 류동필 | **감수** 윤선태 | **기획** 아우라, 이상임 | **총괄책임** 김수현 | **편집장** 이정희 | **기획 편집** 최순영, 김희선
디자인기획 여는 | **아트디렉터** 김혜경, 이경수 | **디자인** 이희숙, 정혜란, 김윤신 | **사진진행** 시몽 포토에이전시
제작책임 정원성

판매처 한국가드너(주) | **마케팅** 김미영, 오영남, 전은정, 김명희, 이정희

ⓒ여원미디어 2008 ISBN 978-89-6168-160-5 ISBN 978-89-6168-209-1(세트)

※이 책은 저작권법에 따라 보호받는 저작물이므로, 무단으로 이 책 내용의 전부 또는 일부를 복사, 복제, 배포하거나 전산장치에 저장할 수 없습니다.
⚠ 주의 1. 책 모서리가 날카로워 다칠 수 있으니 사람을 향해 던지거나 떨어뜨리지 마십시오. 2. 보관 시 직사광선이나 습기 찬 곳은 피해 주십시오.

황룡사의 두 가지 보물

원작 일연 | **글** 김상균 | **그림** 류동필

여원◆미디어

신라의 도읍 서라벌은 많은 사람들이 모여 사는 아주 큰 도시였습니다. 도시 한가운데 월성이라는 으리으리한 왕궁이 있고, 여기서부터 곧게 뻗은 길을 따라 크고 작은 집들이 빼곡히 들어차 있었습니다. 신라 24대 왕인 진흥왕이 나라를 다스린 지 14년째 되던 해입니다.
왕은 월성 동쪽에 새로운 궁궐을 짓도록 했습니다.
백성들이 궁궐 터를 닦던 어느 날입니다. 갑자기 먹구름이 밀려들고 커다란 회오리가 일더니, 무시무시한 누런 용이 궁궐 터 연못에서 솟구쳐 하늘로 날아올랐습니다.

"새 궁궐 터에서 누런 용이 나타났다!"
소문은 곧 온 나라에 퍼졌습니다.
신라 사람들은 누런 용을 부처님을 지키는
신비한 동물로 여겼습니다.
왕은 생각을 바꿔 궁궐 대신 절을 짓기로 했습니다.
절이 어찌나 큰지 수많은 목수, 기술자, 일꾼 들이
힘을 합쳐 지었는데도 무려 열일곱 해나 걸렸습니다.
궁궐만큼이나 크고 아름다운 이 절은 절 터에서
누런 용이 나타났다 해서 '황룡사'라 이름 지었습니다.

황룡사를 짓고 나서 얼마 뒤에,
커다란 배 한 척이 남쪽 바다에서 흘러오더니
사포(경상북도 울주의 곡포)에 멈추었습니다.
이상하게 여긴 사포의 관리는 마을 사람들과
함께 조심조심 배 안으로 들어가 보았습니다.
모두들 눈이 휘둥그레졌습니다. 사람의 자취는
간데없고 무쇠와 금만 잔뜩 들어 있었기
때문이지요. 또 나무로 만들어진 상자 안에
불상 하나와 보살상 두 개가 편지와 함께
들어 있었습니다.

나는 인도의 아소카 왕입니다.
우리가 무쇠 5만 7천 근과 금 3만 푼을 모아
부처님과 두 보살의 거룩한 모습을 불상으로
만들려고 했습니다.
하지만 어찌 된 일인지 온갖 정성을 들여도
좀처럼 불상을 만들 수가 없었습니다.
아쉽고 안타까운 마음이야 말로 다 할 수 없지만
'우리와의 인연이 아니구나.' 하고 불상을 만들려던
무쇠와 금을 모두 배에 실어 바다에 띄웁니다.
부디 인연이 닿는 나라에서 이 무쇠와 금으로
큰 불상의 귀한 모습을 이루기를 빕니다.

모든 사람들이 벌어진 입을 다물지 못했습니다. 관리는 말을 타고 한달음에 월성으로 달려가 왕에게 알렸습니다. 왕도 이 소식을 듣고 깜짝 놀랐습니다.
"오! 이는 신라가 부처님을 모실 인연이 으뜸이란 뜻이로다. 여봐라, 해가 잘 드는 언덕에 절을 새로 지어 불상들을 모시도록 하라. 그리고 무쇠와 금은 서라벌로 가져와 불상을 만들도록 하라!"
이에 사람들은 '동축*사'라는 절을 지어서 배에서 나온 불상들을 모셨습니다.

*동축 _ 인도를 가리키는 '서축'과 짝을 이루는 말이에요.
　　　우리나라가 석가모니의 나라처럼 위대한 나라라는
　　　뜻을 담고 있어요.

그리고 무쇠와 금으로 불상을 만들기 시작했습니다. 나무와 쇠막대기로 만든 얼개에 진토*를 발라 커다란 부처의 모습을 만들었습니다. 여기에 거푸집을 대고 시뻘건 쇳물을 부어 식힌 다음, 거푸집을 떼어 내고 정성스레 금분을 발랐습니다. 마침내 더없이 웅장한 불상이 완성되었습니다. 보는 사람들마다 탄성을 질렀습니다.

*진토 _ 진흙에 고운 모래를 섞은 재료.

황룡사에 장륙존상을 모신 이듬해 이상한 일이 일어났습니다. 장륙존상의 눈에서 눈물이 흘러내리더니, 발뒤꿈치까지 젖을 정도가 되었습니다.
"나라에 좋지 않은 일이 생길 모양이야!"
사람들이 수군댔습니다. 아니나 다를까 얼마 뒤 진흥왕이 세상을 떠났습니다. 나라를 발전시키고 부처님을 깊이 섬기던 왕의 죽음에 백성들 모두 눈물을 흘렸습니다. 그리고 왕의 죽음을 미리 알고 슬퍼한 장륙존상을 더욱 귀하게 여겼습니다.

진흥왕이 세상을 떠나고 60여 년이 흘러
선덕 여왕이 다스릴 때입니다. '자장'이라는
신라의 큰스님이 중국으로 불법을 공부하러
갔습니다. 하루는 자장이 '태화지'라는 연못 앞을
지나는데 갑자기 신선이 나타나 물었습니다.
"어찌하여 여기까지 왔는가?"
"깨달음을 얻으러 왔습니다."
자장의 대답을 듣고 신선은 다시 물었습니다.
"그대 나라에는 어떤 어려움이 있는가?"
"우리나라는 위로 말갈, 아래로는 왜가 노리고
고구려와 백제가 번갈아 침략하니
백성들의 걱정이 큽니다."

신선이 대답했습니다.
"신라의 왕이 여자라서 다른 나라가 깔보아 침략하는 것이라네. 그대는 서둘러 신라로 돌아가 황룡사에 구층탑을 세우라. 나의 큰아들이 황룡사를 지키는 용인데, 그곳에 구층탑을 세우면 이웃의 아홉 나라가 항복하여 나라가 평안해질 것이다."
말을 마친 신선은 어디론가 사라졌습니다.

자장은 신라로 돌아와 선덕 여왕을 만났습니다.
그리고 황룡사에 구층탑을 세우면 나라가
평안해질 것이라 아뢰었습니다.
여왕은 신하들에게 물었습니다.
"우리가 과연 9층이나 되는 탑을 세울 수 있겠소?"
"우리의 힘만으로는 어렵습니다만, 백제에서 기술자를
데려오면 세울 수 있을 것입니다."
선덕 여왕은 많은 비단과 보물을 백제에 선물로 보내
기술자를 데려오게 했습니다.

얼마 뒤 백제의 이름 높은 기술자인 '아비지'가 신라에 왔습니다. 아비지는 구층탑을 짓는 목수 가운데 우두머리가 되었습니다.
그리고 구층탑을 짓는 일의 모든 책임은 김춘추의 아버지 김용춘이 맡았습니다. 김용춘은 지금껏 많은 일을 훌륭하게 해낸 뛰어난 사람이었습니다. 김용춘과 아비지는 200명의 기술자를 데리고 탑 짓는 일을 시작했습니다.

아비지는 탑에 쓸 나무와 돌을 고르고 다듬었습니다.
그런데 탑의 기둥을 처음 세우던 날 아비지는
무서운 꿈을 꾸었습니다. 자기 나라 백제가 망하는
꿈이었습니다.
'어찌하여 이런 흉한 꿈을 꾼단 말인가!
혹 이 탑을 지으면 내 나라 백제에 나쁜 일이
생기는 건 아닐까?'
아비지는 뜬눈으로 밤을 지샜습니다. 다음 날
아비지는 도무지 일이 손에 잡히지 않았습니다.
아비지가 일손을 놓자 기둥 세우는 일도
그만 멈추었습니다.

그러자 갑자기 땅이 흔들리고 하늘이 캄캄해지더니, 한 늙은 스님과 황소처럼 크고 힘이 센 장사가 나타났습니다. 그들은 아비지가 세우기를 그만둔 기둥을 들어 눈 깜짝할 사이에 세워 놓고는 온데간데없이 사라졌습니다.
'아, 탑을 세우는 일은 하늘의 뜻이로구나!'
아비지는 길게 탄식했습니다. 사람의 뜻으로는 바꿀 수 없는 일이라 여긴 아비지는 마음을 고쳐먹고 다시 구층탑을 짓기 시작했습니다.

모든 목수, 기술자, 일꾼 들이 한마음이 되어 구층탑을
짓는 일에 매달렸습니다. 탑이 높이 올라갈수록
여러 어려움에 부딪혔습니다.
높은 탑 위에서 일을 하다 그만 발을 헛디뎌 떨어지거나
크고 작은 실수로 다치거나 죽는 사람도 늘어났습니다.
아비지는 자신이 가진 기술과 실력을 다해 온갖 어려움을
헤쳐 나갔습니다. 김용춘 또한 모든 사람이 마지막까지
최선을 다하도록 이끌었습니다.
"조금도 마음을 놓아서는 안 된다!
이제 곧 이 위대한 탑이 우리 손으로 완성된다!"

인도 아소카 왕과 신라 진흥왕

아소카 왕 석주
아소카 왕이 인도의 불교 성지를 찾아다니며 이를 기념하기 위해 세운 돌기둥이다. 기둥의 꼭대기에 사자, 소 등을 조각하였고 그 밑에는 새나 꽃 같은 여러 문양을 새겼다.

이 이야기는 신라의 세 가지 보물 가운데 하나로 꼽히던 황룡사의 장륙존상과 구층탑이 어떻게 만들어졌는지를 보여 주고 있단다.

먼저 장륙존상을 만들 수 있게 무쇠와 금, 편지를 배에 실어 보내 준 인도의 아소카 왕이 어떤 사람인지 살펴볼까? 아소카 왕은 여러 나라로 분열되어 있던 인도를 처음으로 통일한 왕이야. 그런데 전쟁 중에 사람들을 많이 죽인 일이 가슴 아팠지. 다시는 그런 일을 하지 않겠다고 반성한 뒤 불교를 열심히 믿고 널리 전파했단다. 불교에서는 아소카 왕을 사람들이 원하는 아주 바람직한 왕으로 여기고 있지. 이런 왕을 '전륜성왕'이라 하는데, 사람들은 아소카 왕이 바로 전륜성왕이라고들 한단다.

이렇게 훌륭한 아소카 왕이 세 번이나 만들려다 실패한 불상을 신라의 진흥왕은 단번에 만들어 냈어. 그런데 아소카 왕은 진흥왕보다 700여 년이나 앞서 살았던 사람이야. 700여 년 전에 보낸 편지와 황금이 진흥왕 때 신라에 도착하다니, 뭔가 이상하지 않니? 인도에서 정말 신라로 황금을 보낸 것일까?

이 질문에 대한 답을 얻으려면 우선 진흥왕에 대해 알아봐야 해.

> 나는 인도를 통일했지. 이제는 인도를 부처님의 나라로 만들고 싶소.

인도 통일!

진흥왕은 고구려 땅이었던 함경도까지 신라의 영토를 크게 넓힌 왕이란다. 통일 전의 신라가 가장 넓은 영토를 차지했던 때였어. 진흥왕은 자신이 넓힌 영토를 직접 돌아다니면서 기념비를 세웠지. 마운령, 황초령, 북한산, 창녕에 있는 진흥왕 순수비가 바로 그것이야. 인도의 아소카 왕이 인도 대륙을 통일한 뒤 여러 지역을 직접 돌면서 불교를 알리고, 이를 기념하는 석주를 세웠던 것과 비슷하단다. 영토를 넓히고 신라의 국력을 키워 나가던 진흥왕은 아소카 왕처럼 전륜성왕이 되고 싶었단다.
또 불교의 힘을 빌려 왕의 권위를 좀 더 높이고 싶었지. 그래서 신라 곳곳에 절과 탑을 세우고, 아소카 왕이 보낸 금과 무쇠로 거대한 장륙존상을 만들었다는 이야기를 지어서 전한 것으로 짐작한단다.

북한산 진흥왕 순수비
진흥왕이 한강 유역을 차지한 뒤 이를 기념하기 위해 세운 비석이다. 원래 북한산 비봉에 있었는데, 지금은 국립 중앙박물관에 있다.

> **❝ 진흥왕은 인도를 통일하고 불법을 널리 전파한 아소카 왕처럼 신라 땅을 부처의 나라, 즉 불국토로 만들고 싶었단다 ❞**

나는 신라의 전륜성왕! 신라를 불국토로 만들겠노라!

신라 최대 영토!

 선덕 여왕의 권위를 드높인 구층탑

자, 그럼 이번엔 황룡사 구층탑이 어떻게 만들어졌는지 살펴볼까?
우리나라 최초의 여왕인 선덕 여왕은 이 이야기에 나오는 황룡사 구층탑만이 아니라 분황사, 영묘사 등 절과 탑을 많이 세웠단다. 선덕 여왕 때는 이렇게 큰 공사를 많이 벌일 수 있을 정도로 평화롭고 안정된 시기였을까? 사실은 그렇지 않았어. 아들이 없던 진평왕이 죽으면서 자신의 큰딸에게 왕위를 물려주었지만, 여왕에게 다스림을 받아야 한다는 것에 불만을 품은 귀족들이 많았단다. 게다가 중국 당나라에서는 신라의 임금이 여자라서 이웃 나라의 침입이 많다며 대놓고 신라를 깔보고 무시했지. 안팎으로 여왕을 얕잡아 보는 세력들 때문에 어려운 처지에 놓인 선덕 여왕에게 크게 도움이 된 사람이 바로 자장 스님이었어. 당나라에서 유학을 마치고 귀국한 자장은 황룡사에 구층탑을 세우자고 제안했어. 구층탑이 완공되면 신라를 위협하는 고구려, 말갈, 왜 등 이웃의 아홉 나라가 신라에 복종하게 돼서 나라가 평안해질 것이라 했지.

귀족, 자네들!
이 구층탑 봤지?
이게 곧 나의 힘이라고!

당시 신라 왕실은 불교에 의지하여 왕실과 임금의 권위를 높이려고 했어. 자장은 여왕의 권위를 높이기 위해 황룡사에 구층탑을 세우면서 신라에 세 가지 보물이 있다는 주장을 펼쳤단다. 세 가지 보물이란 바로 진흥왕이 만든 황룡사의 장륙존상, 진평왕이 하늘로부터 받았다는 옥으로 만든 허리띠, 그리고 선덕 여왕 때 세운 황룡사 구층탑을 말해. 이를 통해 선덕 여왕이 진흥왕과 진평왕을 잇는 왕위 계승자임을 온 세상에 알린 것이지. 구층탑은 지금의 건물 27층에 맞먹을 정도로 엄청나게 높았다고 해. 그 당시의 기술로 이렇게 높은 탑을 세웠다는 것은 정말 대단한 일이란다. 이런 큰 공사를 무사히 끝내고 왕실의 위엄을 높임으로써 곧 선덕 여왕의 권위도 같이 높아진 것이지. 또 선덕 여왕은 김유신, 김춘추 같은 뛰어난 신하들과 자장처럼 훌륭한 스님의 도움을 받아 정치를 잘 할 수 있었단다.

실제로 선덕 여왕이 죽고 얼마 뒤에 신라가 삼국을 통일했으니, 황룡사에 구층탑을 세우면 이웃의 아홉 나라를 물리칠 것이라는 예언이 맞아떨어진 건 아닐까?

황룡사 구층탑
선덕 여왕 12년에 세운 9층짜리 목탑이다. 높이가 매우 높아서 벼락을 맞아 불타기도 하고, 지진으로 피해를 입기도 했다. 고려 시대에 침략한 몽골군이 불태워 버린 뒤, 지금은 목탑을 세웠던 주춧돌만 남아 있다.

고구려, 말갈, 왜, 나머지 모두 무릎 꿇어!

퀴즈! 퀴즈!

《황룡사의 두 가지 보물》에 나온 사람들이 하는 말을 잘 들어 봐. 그리고 빈칸에 들어가기에 알맞은 것을 찾아보렴.

❶ 뭣이? 새 궁궐 터에 누런 용이 나타났다고? 당장 궁궐 짓는 것을 멈추고 그 자리에 ☐☐을 짓도록 하라!

㉠ 학교
㉡ 절
㉢ 궁궐

❷ 배를 띄워 무쇠와 금을 보내 드리옵니다. 부디 우리는 만들지 못했던 거대한 ☐☐을 만드소서.

㉠ 불상
㉡ 무덤
㉢ 금관

❸ 절 터에 누런 용이 나타났다고 해서 절 이름이 ☐☐☐라는구먼.

㉠ 청룡사
㉡ 흑룡사
㉢ 황룡사

■■ **부록**

인트로 그림 최정인
역사의 열쇠 1, 2 글 강호선 | 그림 박진아
역사 놀이터 글 김성은 | 그림 박진아

■■ **사진 출처 및 제공처**

역사의 열쇠 1 아소카 왕 석주_유로포토서비스 | 북한산 진흥왕 순수비_국립중앙박물관(중박 200801-002)
역사의 열쇠 2 황룡사 구층탑 복원도_박진호

※ 이 책에 사용한 모든 자료의 출처를 밝히기 위해 최선을 다했습니다. 빠지거나 잘못된 점을 알려 주시면 바로잡겠습니다.

■■ **일러두기**

· 맞춤법, 띄어쓰기는 국립국어연구원에서 펴낸 〈표준국어대사전〉을 기준으로 삼았습니다.
· 외국 인명, 지명은 국립국어연구원에서 펴낸 〈외래어 표기 용례집〉을 따랐습니다. 단, 중국 지명은 현지음에 따랐습니다.
· 역사 용어는 교육인적자원부에서 펴낸 〈교과서 편수자료〉에 따르되, 어려운 용어는 쉽게 풀어 썼습니다.
· 옛 지명은 ( ) 안에 현재 지명을 함께 적었습니다.
· 연도나 월은 1895년 태양력 사용을 기점으로 이전은 음력으로, 이후는 양력으로 표기했습니다.

▶▶ **역사 놀이터 정답**

❶ ㉡ ❷ ㉠ ❸ ㉢ ❹ ㉡ ❺ ㉢ ❻ ㉠

《황룡사의 두 가지 보물》은 《삼국유사》 탑상 편 〈황룡사장륙〉과 〈황룡사구층탑〉에 실린 이야기입니다. '탑상'은 탑과 불상이라는 뜻으로, 탑상 편에는 탑과 절에 관련된 이야기가 실려 있으며 토속 신앙이 불교에 흡수되는 과정을 엿볼 수 있습니다.